IL TRATTLERHOF

E LA SUA STORIA • CRONACA DELLA CASA

Jakob V. Forstnig
Editore

Il Trattlerhof e la sua storia
Cronaca della casa

Editore: Jakob V. Forstnig Hotel Trattlerhof
Basata sulla cronaca dettagliata degli archivi regionali della Carinzia

Layout: Maria Hochmeister
Pubblicato ed edito da:
Books on Demand GmbH Norderstedt, Germania

Trattlerhof
★★★★

Siamo lieti di presentarvi,
in occasione dell'anniversario 2012,
la storia della nostra casa e vi auguriamo
una buona lettura!

Jakob V. Forstnig
Hotel Trattlerhof

Dagli albori fino ad oggi:
com'era e com'è questa casa.

IL TRATTLERHOF E I SUOI ABITANTI: STORIA E CRONOLOGIA

Bad Kleinkirchheim negli anni '60

KLEINKIRCHHEIM E MILLSTATT

1166 Come accadde in molte altre valli dell'arco alpino, i Benedettini si insediarono anche in questa terra e presero a coltivarla. "Kirchheim" viene citata per la prima volta in un documento scritto del 1166. La località appartenne al Monastero di Millstatt fino al 1773, anno della sua chiusura, e successivamente ai Signori di Millstatt fino al 1848, anno in cui venne abolito il feudalesimo (dal XVI secolo il luogo prende il nome di "Kleinkirchheim" per non venire confuso con il comune minerario di "Großkirchheim").

Nel 1469 il monastero passò all'Ordine di San Giorgio e l'anno successivo, nel 1470, venne istituito il primo inventario tributario dei sudditi di Kirchheim. Il "Trattler" non vi compare ancora.

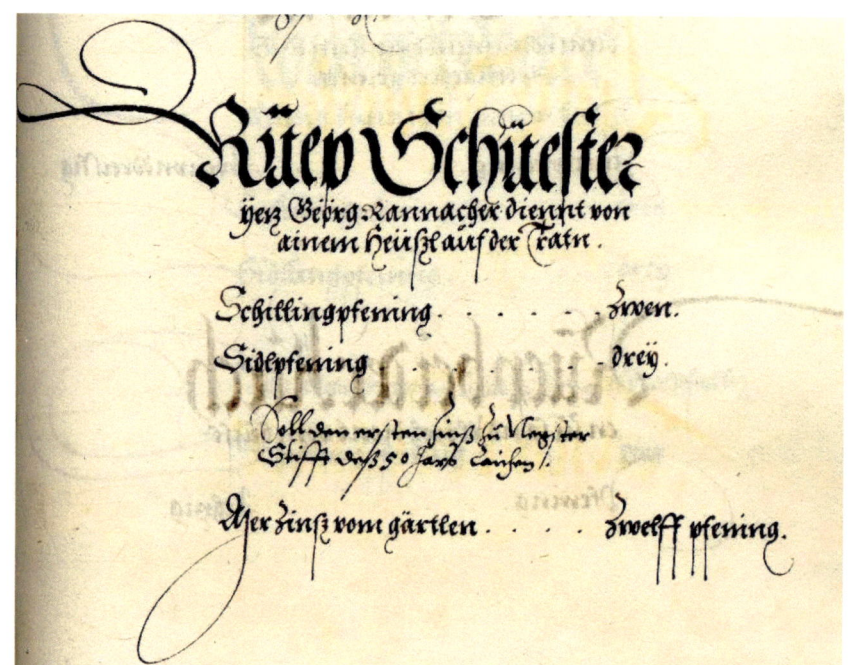

Annotazione del pagamento degli interessi del ciabattino Ruep Schuster per una cascina sul Tratten nel registro tributario (1520)

PRIMA CITAZIONE SCRITTA

1520   Nel registro tributario dei Cavalieri di San Giorgio di Millstatt fu annotato per la prima volta nel 1520 il nome di un ciabattino che aveva pagato i tributi per una cascina a Tratten.

L'inventario tributario registra l'esistenza di alcune simili casupole in località Untertschern, dove tra il 1470 e il 1520 sorsero delle piccole baite senza poderi annessi.

I loro occupanti guadagnavano da vivere tramite l'artigianato e il piccolo commercio, a cui alludono i cognomi del tempo: Kirschner, Schuster, Schneider e Kramer che significano appunto "pellicciaio", "calzolaio", "sarto" e "bottegaio". Fino alla fine del XVI secolo queste piccole proprietà venivano ancora definite come "casupole" e solo successivamente divennero "cascine" (in ted: *Keuschen*).

Fino al 1585   il fondo resta di proprietà della famiglia Rannacher.

UNA TRATTORIA GIÀ A QUEL TEMPO

Dal 1585   i proprietari furono i Rottenstainer, una famiglia che, come dice il cognome, era originaria appunto della frazione di "Rottenstein". Data la posizione proprio all'incrocio di quattro strade molto trafficate, é presumibile che già nel 1592 ci fosse una locanda.

1598   Millstatt passò sotto il controllo dei Gesuiti e per gli abitanti del luogo i tempi si fecero più difficili in quanto vennero aumentate le tasse e il diritto di successione divenne ancor più arbitrario.

Nachbau einer Steinbrauerei aus der Zeit um 1900

PANE E BIRRA DI PRODUZIONE PROPRIA SOLO 57 ANNI PIÙ TARDI

1639   Veith Rottenstainer ricevette dal suo tutore Nicl Hinteregger la proprietà dei Rottenstainer nella località di Untertschern.

1642   Veith e la sua moglie Eva Kren ottennero dai Gesuiti una serie di licenze per l'esercizio della tessitura e il commercio di tessuti di lana e lino, oltre al cosiddetto *"Tafernrecht"* cioè la licenza per produrre birra "Steinbier", cuocere il pane ed esercitare l'attività di tessitura. In tal modo si videro confermato il diritto di esercitare il piccolo commercio di tessuti di lino e loden.

La birra "Steinbier" era relativamente facile da produrre: per la fermentazione venivano usate pietre incandescenti poste sotto grandi tini e così la birra, fabbricata fin dal Medioevo, divenne soprattutto dei ceti più modesti della popolazione la bevanda abituale.

LA FIGLIA FEMMINA NON PUÒ EREDITARE

1688 – 1724 Andre Rottenstainer gestì per 41 anni il casolare "Rottenstainer", chiamato anche "Trättler Keuschen" (lett.: *cascina di Tratten*). Sua figlia Maria Lassnitzer si vide costretta a rinunciare a rilevare l'attività del padre a causa dell'elevata ipoteca di 100 fiorini (in realtà si trattava di un acquisto di 200 fiorini, perché sul casolare non vigeva più il diritto di eredità con cui questo sarebbe passato direttamente alla figlia sposata). Così lei propose come successore suo cugino Kaspar im Kray (Grayer) che gestì la locanda dal 1729 al 1748.

INIZIA UN BRUTTO PERIODO

Quando il controllo di Millstatt passò nella mani dei Gesuiti, per i contadini della zona iniziò un periodo di crescenti difficoltà. I monaci, infatti, sfruttarono i loro sudditi fino ai limiti del tollerabile, mantenendosi tuttavia nei limiti della legalità.

Essi approfittarono di tutti i diritti, sfruttando fino in fondo quello della *Freistift*, un affitto a breve termine che prevedeva che il signore, a propria discrezione, potesse riprendersi il suo terreno dopo un anno e che il contadino, volendo rientrarne in possesso, fosse obbligato a versare un determinato tributo. In assenza di eredi maschi, il maso tornava al signore del feudo che a volte il signore cercava addirittura di far annullare il diritto di successione dei figli maschi. Se l'erede non aveva ancora raggiunto la maggiore età veniva nominato un tutore e si esigeva che entrambi pagassero il diritto di successione e quindi un importo doppio (che venne pagato anche per il maso del Trattler!).

La sede dei Gesuiti a Millstatt, Valvasor intorno al 1680

PESANTI PROTESTE DEI SUDDITI DI MILLSTATT

1. I sudditi erano da sempre costretti a consegnare un manzo di due quintali e mezzo settimanalmente. Poiché ovviamente si trattava di una quantità di carne eccessiva per le cucine del monastero, i sudditi furono costretti a pagare sei fiorini ogni due settimane al posto del manzo.

2. I contadini dovevano pagare costosi pedaggi per partecipare ai mercati del bestiame e affittare i banchi.

3. La tassa imperiale sul macello non era adeguata alle decisioni del consiglio regionale e risultava più alta di 1 fiorino e 18 carantani pro capite riscossi a Millstatt.

4. I Gesuiti esigevano una quantità di grano superiore alla decima consueta, motivo per cui il popolo si lamentò.

5. Al posto delle solite 11-13 cataste di legna da ardere ne venivano pretese 16 a testa.

6. Anche la tassa sul lardo fu aumentata e i contadini chiesero che fosse adeguata alla tassa prescritta.

MOLTE LAMENTELE INUTILI

1728   Quando Carlo VI nel 1728 venne in Carinzia in occasione di una cerimonia di investitura, i sudditi di Millstatt gli fecero recapitare un primo libello di proteste in cui chiedevano di abolire le ingiuste pretese dei Gesuiti. Nel 1730 vennero fatti ulteriori tentativi, che rimasero infruttuosi.

1735   In quell'anno venne nuovamente inviata al Signore della Carinzia una memoria con l'elenco delle diverse lamentele. Nonostante i controlli da parte dello Stato non si giunse a nessuna conciliazione.

UN ULTERIORE TENTATIVO

1736   Pur essendo falliti i tentativi precedenti, nel corso del 1736, alcuni funzionari di Millstatt riuscirono a concludere un accordo con i Gesuiti che tuttavio non riguardava il distretto di Kleinkirchheim. Pertanto i contadini decisero di far scrivere un'altra lettera dall'avvocato Plasge di Klagenfurt.

Si riunirono a tale scopo presso la "Gasthaus Prenn" nella località di Afritz, dal suocero di Kaspar Grayer, e Plasge esortò tutti i contadini a raccogliere punto per punto le denunce contro i Gesuiti.

UN FURBASTRO SI IMMISCHIA

1737   I rapporti si fecero sempre più confusi e nel 1737 venne inviata a Vienna una delegazione per consegnare alla corte imperiale un *libellus actionis*. I rappresentanti dei contadini finirono così nelle mani dell'azzeccagarbugli Paul Zopf, con conseguenze fatali per loro, che fino ad allora si erano comportati correttamente. Paul Zopf sobillò i contadini e i tentativi di conciliazione del dott. Plasge non diedero frutti. Paul Zopf quindi si spacciò per commissario imperiale, mostrando ai contadini una licenza imperiale contraffatta che li autorizzava a saccheggiare il monastero dei Gesuiti.

IL DESTINO PRENDE IL SUO CORSO

Il 2 novembre 1737 scoppiò la rivolta. Quasi 300 contadini armati di bastoni e fucili presero d'assalto il monastero e fecero prigionieri il padre superiore, il magistrato di corte e tutti i Gesuiti che riuscirono a catturare. La maggior parte riuscì comunque a scappare fino a Spittal e a trovare rifugio presso i Principi di Porcia. Il giorno successivo i rivoltosi saccheggiarono e rubarono tutto il possibili, appiccando numerosi incendi. Paul Zopf, il capopolo, riuscì ad impossessarsi di 3.000 fiorini e si diede alla fuga.

IL MALFATTORE VIENE CATTURATO

Fermatosi tuttavia al "Trattlerwirt" a Untertschern venne riconosciuto. Kaspar Grayer, l'oste, non aveva infatti preso parte alla rivolta dei contadini e pertanto mandò il suo vicino ad avvisare il magistrato provinciale. Hans Trättnig, vicino dell'oste, si affrettò dal magistrato provinciale che riuscì quindi ad arrestare Paul Zopf.

Hans Trättnig, che aveva partecipato molto attivamente alla sommossa, restituì il maltolto e venne graziato, essendosi pentito e avendo consegnato Zopf alle autorità, e quindi, a differenza degli altri partecipanti alla rivolta non subi alcuna pena.

L'immagine nella *Zopfstube* ricorda proprio i fatti del 1737.

Uno dei successivi proprietari della locanda fece appendere alla parete un quadro a ricordo della vicenda. Durante i lavori di ampliamento del XX secolo, il dipinto venne poi spostato nella nuova *Zopfstube* appena realizzata.

1748–1751 Dopo la morte di Kaspar Grayer, Christian Wieser divenne tutore di Jakob Grayer che non era ancora maggiorenne.

1751–1757   Jakob Grayer

Passaggi di proprietà dal 1748 al 1805

ORA SI SERVE ANCHE IL VINO

1757–1805   Andreas Grayer: l'osteria Trattler si riforniva direttamente da un conducente di animali da soma della valle Gailtal che gli procurava la notevole quantità di circa 1.500 litri di vino ogni sei mesi!

1805–?   Joseph Grayer

1810   Poi fece la sua comparsa Ignaz Grayer vulgo Mall, che riacquistò il maso intorno al 1810 (l'atto d'acquisto dell'amministrazione francese della Carinzia superiore del 1809-1813 non è disponibile) da Gertraud Hofferin.

UN BEL MASO TUTTO IN LEGNO

1821–1843 Christian Laßnig. Durante il periodo della sua gestione, l'imperatore Francesco I, tra il 1826 e il 1829, fece misurare con esattezza tutti gli appezzamenti della Carinzia istituendo così il famoso "Catasto fondiario austriaco" in scala 1:2880, espresso in *"Klafter"*, miglia austriache.

A quel tempo gli edifici del maso venivano costruiti prevalentemente in legno. Nelle relative annotazioni del catasto viene riportato che, in quel momento a Kleinkirchheim, c'erano solo due case costruite in pietra.

Il catasto fondiario del comune di Kleinkirchheim intorno al 1839, particolare di Untertschern

IL PRIMO FORSTNIG AL TRATTLERHOF

1840   La famiglia Forstnig entrò per la prima volta in contatto con la locanda "Trattler" nel 1840. Il carpentiere Jakob I Forstnig abitava nel *balneum* (in ted. *Badstube*), una struttura appartenente al maso che era dedicata ai bagni e alle terme.

1843 – 1847   Il 6 marzo 1847, Jakob I sottoscrisse con il proprietario Jakob Glinzer un contratto che assicurava a lui, a sua moglie Elisabeth e ai suoi due bambini Jakob II e Maria il diritto d'abitazione a vita.

1847 – 1849   Johann Lechner: in questo periodo avvenne l'abolizione del feudalesimo e delle relative imposizioni feudali (*Grundentlastung*, 1848) ed egli quindi diventò il primo effettivo proprietario del maso.

1849 – 1854   Il 21 novembre 1849, il maso venne acquistato da Michael Hofer per un valore stimato di 1.000 fiorini. Questo notevole incremento di valore dipendeva dal fatto che ora gli occupanti dei masi potevano entrarne in possesso come proprietari effettivi e quindi nella stima veniva considerata anche la terra.

1854–1856   Katharina Lechner, vedova di Michael Hofer, sposò poi Mathias Stampfer.

1856–1874   Alla morte della moglie, Matthias Stampfer ereditò la locanda, come riporta l'annotazione nel libro fondiario datata 21 agosto 1856. Il periodo sotto la sua gestione fu estremamente positivo, tanto che acquistò numerosi appezzamenti di terra estendendo così i suoi possedimenti.

IL TRATTLERHOF COME FULCRO

Tra il 1862 e il 1879, Matthias Stampfer fu anche sindaco del comune di Kleinkirchheim. In questo periodo, il suo ufficio si trovava proprio al Trattlerhof. Egli morì il 5 ottobre 1872 e il maso passò al figlio Albin.

Il Trattlerwirt intorno al 1890

1874-1884 Alla morte del padre, Albin Stampfer fu nominato suo successore come risulta dal relativo giudizio di ventilazione ereditaria e dall'apposita accettazione del 31 dicembre 1873. Egli mantenne la proprietà per un decennio fino a quando, nel 1884, la vendette alla famiglia Forstnig.

Vertrag

Zwischen Jakob Glinzner Besitzer der eigenthümlichen
Herr Raabl Herrnschaft Millstadt dienstbaren Brattner
raisel behausung Urb: N.° 236 Haus N.° 8 zu Obermillstatt
in Kleinkirchheim Eines, Dann dem Jakob Forstnig und
dessen Ehewirth Elisabeth gebornen Laßnig Einwohnern
in der Brattnerischen andern Theils, wurden folgendermassen
Uebertrag in beysein der unterschriebenen Zeugen ver-
abredet und geschlossen.

1.tens Übermlaßt Jakob Glinzner seine der Kirchdörfer eigne
Heimische von Wohnhaus [...] nebst neuer Dachstube vorher
zu einer Knechten eingerichtet ist, und ihr einem Zugemüe
womit sich ein Zimmer und eine Küche befindet, dem Jakob
Forstnig und dessen Ehewirth, so wie auch ihren Ehleibes
Kindern Jakob und Marie Forstnig auf dessen einem
Ehegattin ganzen Lebens dauer gegen nachstehend
festgesetzten Bedingnissen. als:

2.tens Jakob Glinzner bedingt sich für diese dem Jakob Forstnig
und dessen Ehewirth so wie denen 2 Nachfolgern überlaß den
Ehnußen auf ihre Lebens dauer, daß die Elisabeth gebornen
Laßnig, so wie ihr Ehmann, auch die ihr laut Kaufbrief
ddo: Ergisdahmschft Millstatt am 23.ten December 1843 ver-
schriebenen zugenannte Widumsstuben in Hinkhhaus ver-
zichten sollen, cas auch Elisabeth so wie ihr Ehmann ver-
sprechen auf obbenannter Wohnung in Gasthaus nie mehr
einen Anspruch mehr zu wollen.

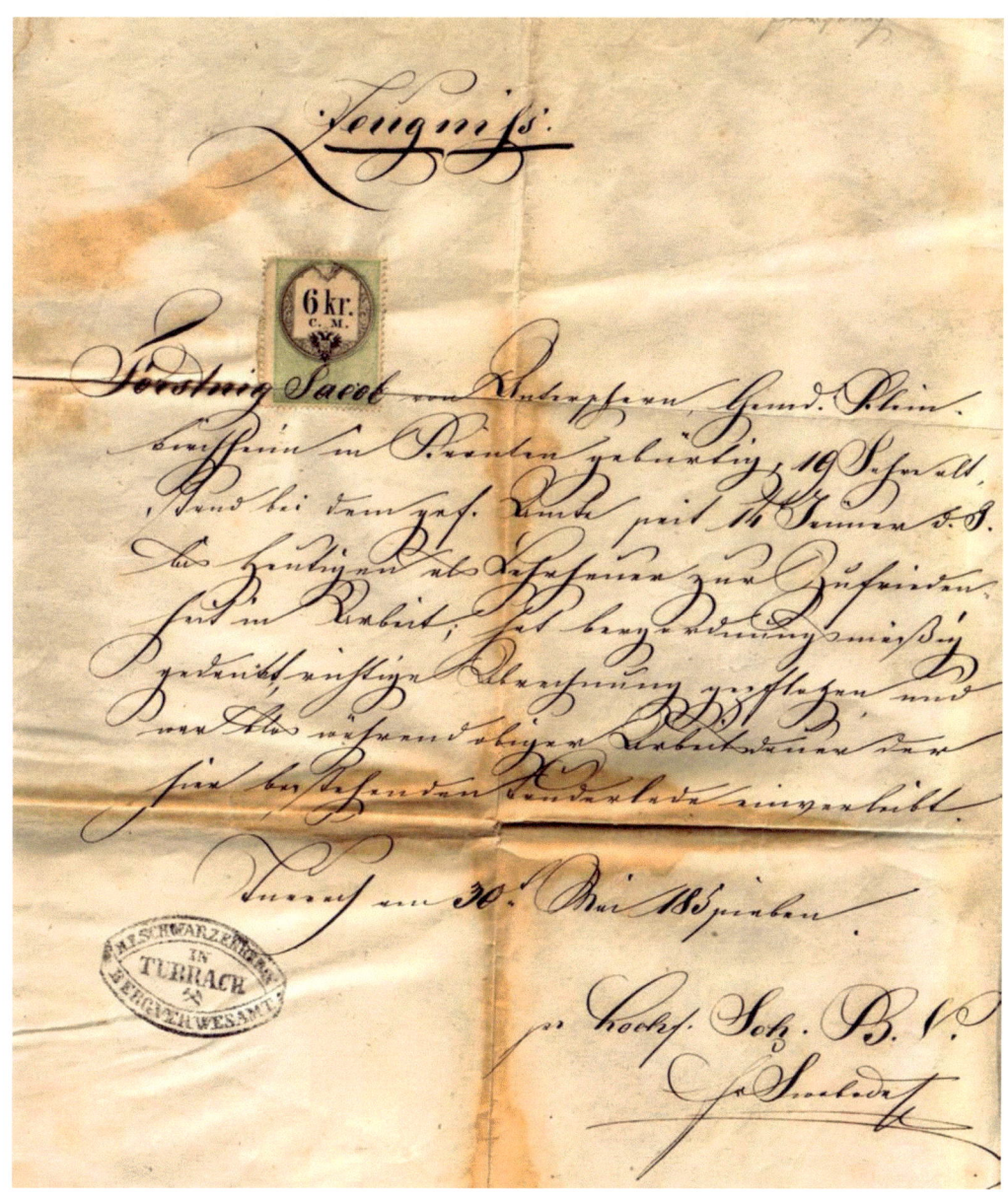

Attestato rilasciato a Jakob II Forstnig dall'ufficio amministrativo
"Hochfürstlich Schwarzenbergisches Verwesamt Turrach"

Immagine sulla pagina sinistra:
contratto tra Jakob Glinzer e Jakob I Forstnig,
datato 6 marzo 1847

Carpentieri, minatori, fabbricanti di birra, soldati, gendarmi, operai della fornace di calce, spedizionieri, osti, imprenditori, inventori, albergatori

LA DINASTIA DELLA FAMIGLIA FORSTNIG

Untertschern intorno al 1920

1884 – 1921   In questo periodo il maso appartenne a Jakob II Forstnig, figlio di Jakob I e della moglie Elisabeth Lassnig, nato nel 1837. Due documenti rispettivamente datati 1857 e 1858 testimoniano che egli era minatore.

Il 30 maggio 1857, l'ufficio preposto all'amministrazione della miniera dei Principi Schwarzenberg "Hochfürstlich Schwarzenbergisches Verwesamt Turrach", gli rilasciò la concessione per l'attività mineraria. A quel punto si iscrisse alla corporazione dei minatori di Radenthein "Berg- und Hüttenverwaltung der Rad- und Hammer-gewerkschaft Radenthein", per la quale lavorò poi fino alla fine di settembre del 1858 come separatore di metalli, cavatore e gestore della miniera.

Il resto della sua vita privata e lavorativa non è chiaro, ma evidentemente riuscì a guadagnare così bene che il 21 aprile 1874 acquistò il birrificio (in ted. *Bräuhaus*) di Kleinkirchheim. Nel testo del contratto viene indicato come proprietario del maso "Trattlerkeusche", che tuttavia può riferirsi solo al diritto di abitazione della famiglia in quanto l'acquisto effettivo avvenne solo dieci anni più tardi.

Nel censimento del 1880 venne annotata anche la famiglia di Jakob II Forstnig domiciliata a Kleinkirchheim n. 3. La famiglia era composta da Jakob II Forstnig (*17 agosto 1837), da sua moglie Anna Schleiner (*21 luglio 1855) e dalla figlia Anna Schleiner (*26 luglio 1879).

Poiché la coppia si sposò nel 1880, probabilmente Anna Schleiner era nata illegittima e non era stata ancora riconosciuta.

La madre di Jakob II, Elisabeth Lassnig, venne indicata come contadina in pensione. Facevano parte della famiglia anche la sorella di Jakob II, Maria Forstnig (* 14 agosto 1835) e le sue tre figlie illegittime Elisabeth (* 30 ottobre 1858), Theresia (*13 ottobre 1869) e Maria (*31 ottobre 1873) oltre ad un figlio illegittimo di Elisabeth chiamato Franz (*1° ottobre 1876).

Il 24 aprile 1884, Jakob II vendette all'allora sindaco Johann Huber, il birrificio, che nel frattempo era stato registrato nel catasto fondiario con il nome di "Casa di Marx". Secondo il contratto del 24 giugno 1884, egli acquistò il "Trattlerwirt" dal precedente proprietario Albin Stampfer.

Nel novembre del 1884, l'amministrazione comunale di Kleinkirchheim rilasciò a Jakob II Forstnig un certificato di buona condotta per l'ottenimento della concessione per la locanda. Il 10 febbraio 1885 la Direzione finanziaria della monarchia asburgica gli rilasciò anche il permesso per l'esercizio dell'osteria.

Data la sua precedente esperienza in miniera, Jakob II Forstnig gestì anche una cava di pietra e una fornace a Woltschnig-Riegel.

Davanti: Jakob II Forstnig (primo da sx) e Anna Forstnig (terza da sx)
Dietro in piedi: Katharina Forstnig (prima da sx) e Jakob Forstnig (terzo da sx)

Oltre alla figlia Anna, la coppia ebbe altri due bambini, Jakob (poiché non succedette al padre negli affari abbiamo volutamente tralasciato la numerazione) e Katharina. Jakob sarebbe dovuto succedere al padre negli affari, ma purtroppo venne chiamato alle armi durante la prima guerra mondiale, e prestò così servizio nel 3° Battaglione e morì il 28 novembre 1916 nel lazzaretto da campo di Campo Pisaro.

Nell'aprile del 1917 venne trattato il suo lascito e come eredi furono designati i genitori Jakob II e Anna Forstnig. I suoi beni consistevano in una valigia con dei vestiti del valore di 100 corone e una bicicletta del valore di 50 corone.

Anna e Jakob II

Dopo la morte del suo unico erede maschio,
Jakob II Forstnig lasciò l'osteria alla figlia Katharina
e a suo marito Johann Hinteregger.

1921–1937 Johann Hinteregger e Katharina Forstnig
diventarono proprietari del Trattler con il contratto
di cessione del 15 aprile 1921, che prevedeva una
clausola secondo cui il nipote Jakob III Forstnig,
il figlio illegittimo di Katharina nato nel 1904,
avrebbe usufruito di una forma di tutela.

Così si trovarono a gestire la trattoria all'incrocio di
quattro strade molto trafficate dove, come in passato,
i commercianti e i carrettieri sostavano per ristorarsi
e trascorrervi la notte. I due sono indicati nel registro
del catasto come proprietari fino alla fine del 1937.

Katharina e Johann Hinteregger

1937 – 1975 Jakob III Forstnig

Il 30 dicembre 1937 venne sottoscritto il contratto di cessione secondo cui Jakob III Forstnig divenne proprietario della locanda dei genitori. Dagli elenchi degli indirizzi e delle funzioni della Carinzia appare evidente che egli gestiva la locanda già dal 1930.

Durante la 2° Guerra Mondiale prestò servizio presso la *Gendarmeria* e in questo periodo fu sua moglie Elisabeth ad assumere la direzione degli affari.

Finita la guerra si dedicò completamente all'ampliamento dell'azienda che, come già nel XVII secolo, svolgeva diverse attività artigianali. L'attività principale era costituita dalla trattoria, che faceva ottimi affari soprattutto durante i periodi di villeggiatura, con annessa una piccola attività agricola.

Oltre a queste attività c'erano ancora la fucina e la cava di pietra, a cui si aggiunsero una cava di ghiaia e un'azienda di trasporti che era stata avviata nel 1945 con un autocarro Opel Blitz.

Jakob III ed Elisabeth

La cava di pietra e
l'azienda di trasporti

Nel 1950 la *Gasthaus* venne ampliata e la famiglia costruì anche una nuova stalla. La trattoria, che funzionava sempre meglio grazie al fiorente turismo, era gestita dalla moglie Elisabeth, mentre Jakob III si dedicava alle altre attività. Jakob ed Elisabeth ebbero cinque figli: Reinhilde, Jakob, Lisbeth, Heimo, Maria.

1975 – 2010   Jakob IV Forstnig

Il figlio Jakob IV Forstnig iniziò a lavorare nell'azienda dei genitori appena conclusa la scuola di economia e commercio e il 14 novembre del 1975 prese in mano le redini del Trattlerhof. Con l'aiuto della sua prima moglie Elisabeth, egli si dedicò all'azienda con spirito innovativo e imprenditoriale. Dal matrimonio nacquero due figli, Jakob e Christiane. Dal secondo matrimonio con Ursula nacque Isabella.

La trattoria "Trattlerwirt" di Untertschern venne trasformata in un hotel di categoria quattro stelle con sauna, piscine e diverse offerte per il tempo libero. I cavalli presero il posto dell'allevamento di bovini

Il Trattlerhof
intorno al 1960

Il Trattlerhof oggi

con un maneggio dotato di stalle e recinti che ancora
oggi offrono agli ospiti la possibilità di uscire in passeggiata
nei dintorni.

Un altro pilastro gastronomico è rappresentato dall'Einkehr,
un locale tradizionale al centro di Bad Kleinkirchheim con
quattro campi da tennis, un campo da beach volley e un
laghetto per pescare trote e salmerini.

Nelle immediate vicinanze delle terme St. Kathrein sorsero
anche gli appartamenti e l'annesso bar "Kir Royal".

Jakob IV Forstnig ampliò l'attività estrattiva della sabbia,
della ghiaia e della pietra dolomitica. Nel 1985 venne
costruita la centrale idroelettrica del Trattlerhof lungo
il torrente di Kirchheim. Ancora oggi l'Hotel si alimenta
di corrente elettrica autoprodotta.

Nel novembre del 2010, egli affidò la direzione della
casa a suo figlio, anch'egli di nome Jakob.

Jakob IV e la sua invenzione, una campana per alimenti brevettata.

Dal 2010 a oggi: Jakob V Forstnig

Dopo la formazione completa alla scuola alberghiera, gli studi universitari in economia aziendale e diversi soggiorni all'estero, Jakob V sposa la lunga tradizione con contenuti innovativi e numerose nuove proposte: fiaccolate con i cavalli sotto il cielo stellato, relax après ski, degustazioni di vini con i viticoltori, musica dal vivo intorno falò e appuntamenti romantici in baita. La serie di incontri "Impulso in montagna" con i contributi di straordinarie personalità, inoltre, continua a riscuotere sempre un grande successo. Dal 2012, infine, durante le loro vacanze, gli ospiti possono farsi confezionare su misura dalla nostra sarta un abito tradizionale in loden o pelle e farsi riparare le scarpe dal nostro calzolaio. In tal modo l'antica tradizione si sposa con il lusso moderno.

E visto che i nostri cavalli hanno una nuova dimora con moderni box, la vecchia stalla è stata trasformata in un'oasi wellness e in nuovi alloggi per i viaggiatori in cerca di riposo.

Il 2012, l'anno del nostro 370° anniversario, viene celebrato con la pubblicazione della "Cronaca della casa" e della "Favola del cavallino nero".

Jakob V e Birgit Forstnig

I proprietari del Trattlerhof dal 1520 a oggi

Ruep Schuster, Georg Rannacher e Christoph Rannacher	1520 – 30 maggio 1585
Erasmus Rottenstainer	30 maggio 1585 – 1592
Afra Rottenstainer	1592 – 14 febbraio 1609
Lamprecht Rottenstainer	14 febbraio 1609 – 1624
Nikolaus Hinteregger	1624 – 1° marzo 1639
Veith Rottenstainer	1° marzo 1639 – 16 luglio 1688
Andre Rottenstainer	16 luglio 1688 – 23 giugno 1729
Kaspar Grayer	23 giugno 1729 – 9 febbraio 1748
Christian Wieser	9 febbraio 1748 – 29 marzo 1751
Jakob Grayer	29 marzo 1751 – 21 ottobre 1757
Andreas Grayer	21 ottobre 1757 – 29 dicembre 1805
Joseph Grayer	29 dicembre 1805 – ??
Gertraud Hofer	? – ?
Ignaz Grayer	? – 12 maggio 1821
Christian Laßnig	12 maggio 1821 – 23 dicembre 1843
Jakob I Glinzer	23 dicembre 1843 – 1° novembre 1847
Johann Lechner	1° novembre 1847 – 21° novembre 1849
Michael Hofer	21 novembre 1849 – 28 novembre 1854

La *Badestube*

Katharina Lechner	28 novembre 1854 – 21 agosto 1856
Matthias Stampfer	21 agosto 1856 – 10 aprile 1874
Albin Stampfer	10 aprile 1874 – 29 giugno 1884
Jakob II. Forstnig	29 giugno 1884 – 15 aprile 1921
Johann Hinteregger e Katharina Forstnig in Hinteregger	15 aprile 1921 – 30 dicembre 1937
Jakob III Forstnig	30 dicembre 1937 – 14 novembre 1975
Jakob IV Forstnig	14 novembre 1975 – novembre 2010
Jakob V Forstnig	da novembre 2010

CENNI STORICI

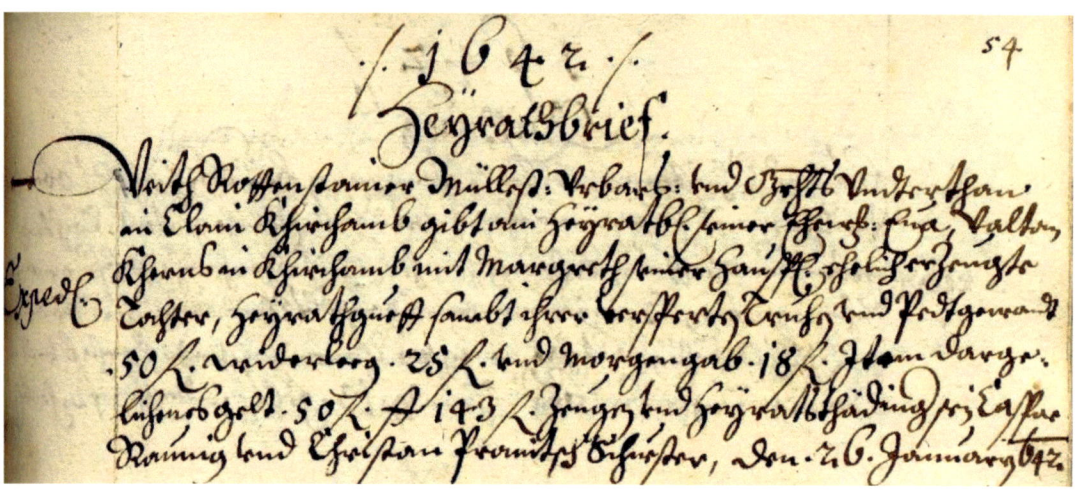

Lettera di matrimonio del 26 gennaio 1642

Fino al 1848, i contadini (tranne i contadini liberi) erano assoggettati al signore feudale. Ciò significa che essi avevano a disposizione un casolare, ma solo nel senso che lo abitavano, non che lo possedevano. Il feudatario (nobile, convento, chiesa o pieve che fosse) si riservava quasi tutte le decisioni che riguardavano la proprietà. Nell'Alto Medioevo i grandi latifondi dei feudatari venivano coltivati attraverso poderi centralizzati, ma col passare del tempo venne istituita una gestione a singolo manso. Ai contadini venivano affidati dei *mansi*, dei lotti di terra, che originariamente comprendevano anche il bestiame e tutti gli attrezzi da lavoro. I contadini non liberi erano tenuti a versare dei tributi sotto forma di una parte del raccolto dei campi da loro coltivati, di entrate provenienti dalla vendita del bestiame e di lavoro da loro fornito *(corvè)* sui campi del signore.

Col passare del tempo, le condizioni dei contadini divennero sempre meno rigide. Così si svilupparono due forme di enfiteusi per i contadini: la *Freistift*, l'affitto a breve termine, e il *Kaufrecht*, l'enfiteusi ereditaria del manso. La forma minore di enfiteusi, la *Freistift*, offriva ai contadini scarse possibilità di crescita personale. Qualsiasi modifica, infatti, necessitava dell'approvazione del feudatario ed era escluso qualsiasi diritto d'eredità. Nell'altra forma di enfiteusi, "possedere" un maso significava che il contadino poteva essere destituito in qualsiasi momento. Pur accadendo di rado, tuttavia, poteva succedere sicuramente in caso di cattiva gestione del fondo.

I feudatari, che dipendevano dai proventi delle loro terre, avevano naturalmente tutto l'interesse a lasciare i contadini capaci a capo dei loro mansi. E col passare del tempo, il diritto di eredità, come dimostrato molti esempi, ammise alla successione anche le donne.

Il *Kaufrecht*, come seconda forma di possesso, consentiva ai contadini di lasciare liberamente in eredità il loro maso di scambiarlo o di venderlo. Sebbene fossero tenuti comunque a versare tutti i tributi al signore, almeno potevano disporre più liberamente del proprio fondo. Ogni volta che esso veniva ceduto si rilasciava la cosiddetta "lettera di onoranza" (in ted.: *Ehrungsbrief*). La tassa di successione che venne appunto chiamata "onoranza" (in ted.: *Ehrung*), ammontava a un massimo del 10% del valore delle proprietà.

Le successioni erano poi annotate negli appositi registri del feudatario. Furono anche istituiti *urbari* (libri dei redditi fondiari) e registri dove venivano segnati i tributi annuali. Il *Kaufrecht* poteva anche essere letteralmente acquistato e molti contadini sfruttarono questa possibilità per ottenere almeno una minima parte di indipendenza.

Nel 1848 si verificò un evento di grande rilevanza per la condizione dei contadini, ovvero l'abolizione della servitù della gleba, del feudalesimo e di conseguenza delle imposizioni feudali.

Il 7 settembre 1848, l'imperatore Ferdinando dichiarò abolita la servitù della gleba e ordinò che la terra venisse riscattata dietro pagamento di un indennizzo minimo e in parte addirittura nullo. I contadini quindi divennero proprietari effettivi delle loro terre.

Per il Ducato di Carinzia, la relativa ordinanza fu proclamata l'11 settembre 1848 e due anni più tardi ebbe inizio la fase di riscatto delle terre *(Grundentlastung)*, per le quali i contadini dovevano pagare al feudatario un terzo degli interessi annuali moltiplicato per venti. La somma poteva essere versata in contanti in una volta sola oppure in tre rate annuali.

Ci volle molto tempo per la stima degli interessi naturali e l'emissione dei relativi documenti di riscatto. Così furono istituite numerose commissioni che dovevano visitare le terre e preparare i conteggi. Ci vollero alcuni anni prima che i contadini liberi potessero avere in mano gli atti di riscatto.

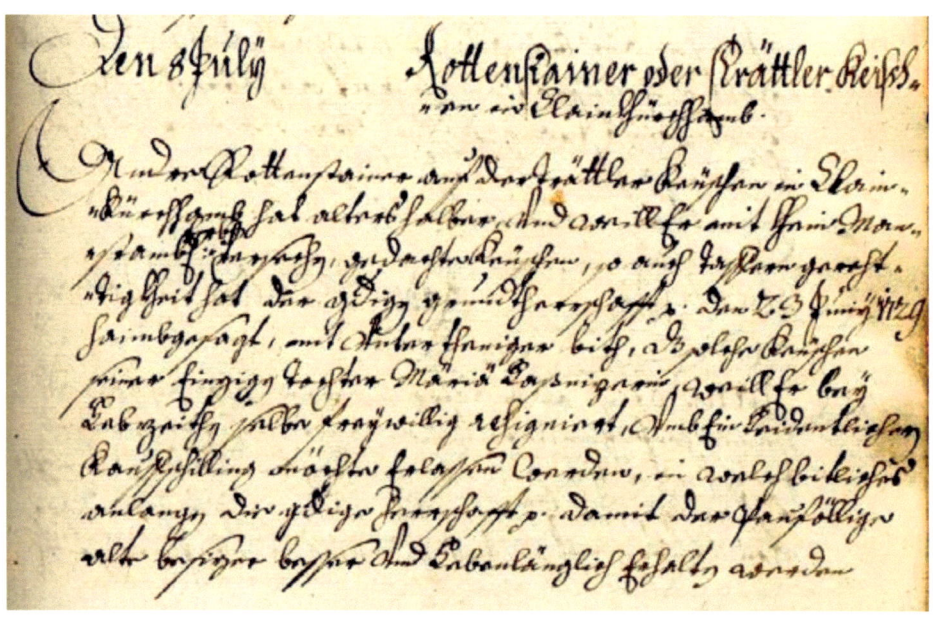

8 luglio 1729 Maria Lassnitzer e Kaspar Grayer

1729

werden möchte, auch anweisen auch gewilliget, und
diese Käufferin ihr Maria Lagnigarin mit fl 200 auf
ihr Erbanlagung Franziskh: Vorkhauffs, dann welcher Kauffschil=
ling doch denen alten per modum Elemosinæ 12 fl gar
gerruckht worden, dessen Zeugen gewest H: Ignati
Rays Landrichter in Clainkhürchham, Georg Doser Bur=
germeister alhier, Hans Moser Müll rattarich, und
Mathes Knecher H: pfarrers zu Pt. Chaten in Iherung
anwesenen. Weil aber bey aufrichtung des Inven=
tary befunden worden, als die Schulden des Vermögen
mehr dann Umb 100 fl übertragen, Und welche die beste
Maria zu bezallen bedenckhen getragen, Hat ihr gnädigste
Käuffer ihren nächsten Vetter Casper in Rasperbo=
khnappen Cediert; doch mit den bedingt, als er neben
bezallung des obbemelten Kauffschilling, Und Erbanlang=
licher Unterhaltung ihres alters, daneben, auch 100 fl
dene Creditoriby begruffen, welches er Casper in
Krag alles gehrencklich zu halten, Und zu folgnahen der
Gschosses, auch bey gegeben sorgschafft Umb sein Umbschreib=
negelt fl 4 Düggathen in gold abgerrochen. Zeugen
Johann Seintl, Georg Doser, Hanns Moser zu Bogl,
Und Hanns Grann Grach, Und götterrrichter in der
gegenst bey m hersberen der.

EINKEHR

Il ristorante-baita "Einkehr" nella valle di Bad Kleinkirchheim ha molto da offrire a buongustai ed amanti della cucina carinziana:

- accoglienti *stube* e una terrazza esposta al sole
- specialità regionali, piatti tipici e pizza
- dolci fatti in casa
- feste intorno al fuoco con vin brulé
- feste, ricorrenze familiari, matrimoni
- cenoni di capodanno con musica dal vivo
- cucina calda aperta dalle 11.00 alle 22.00

Per prenotazioni telefonare al
+43 (0) 4240 / 8114

Einkehr
Hütten-Restaurant im Tal
Teichstraße 7
9546 Bad Kleinkirchheim
Carinzia – Austria
Telefono +43 (0) 4240 / 8114
einkehr@trattlerhof.at
www.trattlers-einkehr.at

TRATTLERHOF
★★★★

Festeggiate insieme a noi 370 anni di ospitalità!

Il TRATTLERHOF si trova a Bad Kleinkirchheim, la rinomata località turistica nel cuore delle Alpi della Carinzia. Le vacanze al TRATTLERHOF sono un'esperienza per tutta la famiglia, per gli amanti del romanticismo o semplicemente per chi è alla ricerca di una pausa dal tran tran della vita quotidiana.

Famiglia Forstnig • Gegendtalerweg 1 • 9546 Bad Kleinkirchheim • Carinzia • Austria
Telefono: +43 (0) 4240 / 8172 • Fax: +43 (0) 4240 / 8124 • hotel@trattlerhof.at
www.trattlerhof.at

In questa collana
sono stati pubblicati anche:

Der Trattlerhof und seine Geschichte (Chronik des Hauses)
ISBN 9 783848205004

The Trattlerhof and its History (The Chronicle of the House)
ISBN 9 783848266791

Il Trattlerhof e la sua storia (Cronaca della Casa)
ISBN 9 783732233212

Das Hofmärchen vom Schwarzen Pferdle
ISBN 9 783848204915

The House Legend of the Black Horse
ISBN 9 783848266562

La favola del cavallino nero
ISBN 9 783732233465

Das Märchenmalbuch/Coloring Book
ISBN 9 783848204991